紓壓

上 班 族 40 則 紓 壓 指 引

禪

Stress Free

聖 嚴 法 師

法鼓文化編輯部 選編

心無壓力一身輕

　　什麼是壓力？將工作當成是自我挑戰，是成功過程，壓力就是進步的動力！既是一種過程，不論滋味如何酸甜苦辣，不論成敗如何百轉千折，都是美麗的人生美景！都是步步成功！

　　如果問你：「誰給你最大的工作壓力？」答案應該就是自己。如果不紓解自己心中的壓力點，不論做任何事都會感覺有壓力，甚至影響我們的判斷智慧。以平常心看待成敗得失，心無壓力不計較成敗，反而更能全力以赴。

　　如同聖嚴法師所說：「我每天都會告訴自己：『今天是一個好日子，雖然可能會遇到一些

麻煩，但這對我而言是正面的機會，我要感謝它給我歷練的機會。』」能夠如此，不論遇到任何工作壓力，都是一種挑戰的機會、成長的經驗。

對於來自四面八方的各種壓力，聖嚴法師總能提供我們逆向思考，反敗為勝的紓壓智慧。本書把上班族常見的壓力原因與問題做一整合，將聖嚴法師著作中的精彩開示彙編成書，提供紓壓之道。聖嚴法師勉勵我們以平常心看待內外在壓力，能處理的盡力而為，不能處理的就隨緣自在。所謂平常心，就是對任何事的處理、應對，不以得失、多少、成敗做考量，而只考慮能不能做、該不該做、可不可以做。

工作有壓力是正常的，但是心可以不被順境、逆境所左右，轉煩惱為智慧，就能心無壓力一身輕！

—— 法鼓文化編輯部

目錄

慢活禪

1. 壓力，是現代上班族的共通課題，面對壓力不須逃避，只要有紓壓方法，能鬆能緊，收放自如，便非難事，因此，特別設計「慢活禪」，讓大家在閱讀本書前，體驗以鬆緊對比的方法，釋放身心壓力。

2. 聖嚴法師告訴我們：「工作要趕不要急，心情要鬆不要緊。」放鬆心情，趕而不急，用禪的觀念與方法，能同時兼顧效率與紓解壓力，在鬆緊中找到平衡點，便能從容不迫完成工作進度。

❋ 慢活的要領

由於上班族已習慣忙碌的工作狀態，不易感受身心鬆緊的差別，自然就無從紓壓。因此，建議上班族可以經常練習慢活禪，讓緊張的身心漸漸習慣放鬆。

面對任何壓力，若有「盡心盡力第一，不爭你我多少」的觀念，凡事不求十全十美，不只掛心自我利害得失，但看自己是否盡心盡力便可放心，心態轉化，壓力自然消融。當發現心急而亂時，不妨暫停工作，讓心休息一下，放鬆肩膀與眼睛。

聖嚴法師的「四它」方法，也是調整工作壓力的絕妙心法。當壓力出現時，不妨試著先面對它，如實接受它，再進一步用方法處理它，最後自在地放下它。對於問題能「面對它、接受它、處理它、放下它」，久而久之，

便不再累積壓力，隨時都能接受挑戰。

❀ 慢活的步驟

慢活禪的要領很簡單，主為透過覺察身體的鬆與緊來釋放壓力。上班族容易因壓力而聳肩，眼壓增高，所以練習放鬆肩膀與眼睛，特別容易感受運用慢活禪的輕鬆自在。

首先，要放鬆肩膀，讓肩膀盡量往上抬高，抬到最極限後，再往脖子內縮一下，感覺那份緊縮的感覺後，迅速把肩膀往下放，同時也把內心的負擔一同放下，感覺從肩膀、手臂到手指的放鬆。

如果身體仍不夠放鬆，可重複運用「緊、放、鬆」三個步驟，慢慢地鬆開身體的緊繃感。

接著做眼球運動，方法為眼球向左、向右移動算一次，左右移動十次。頭部保持不動，只有

眼球緩慢地移動，清楚眼球四周肌肉的變化，再讓眼球上下移動十次，左上右下十次、右上左下十次，眼球順時針轉十次，逆時針轉十次。最後再看自己的手掌十秒，看遠方十秒。如此，一遠一近運動眼球，可釋放眼睛微細的緊張感，降低眼球的壓力。

練習鬆緊對比，可以放鬆肩膀，感覺壓力被釋放；可以放鬆眼球，沉澱過多思緒，放下內心罣礙，罣礙少了，身心就能紓壓慢活無煩惱。

——法鼓山禪修中心　提供

紓壓禪

Stress
Free

01

如何紓解壓力？

　　生活的壓力，是由自我與社會環境及自然環境的對立所造成；家庭生計的壓力，是由經濟條件的收支不能平衡所造成；工作及課業的壓力，是因個人智能稟賦以及缺乏安全感所造成。其實，如能不受外在環境的現象所影響，不論是正面的影響或負面的影響，心理的壓力就會自然消失，若能有樂天知命的修養，不論遇到順境和逆境，都能淡化與美化。

❀ 自知之明

　　如果能有自知之明的修養，那些壓力，就會

隨著自知程度的深淺而相對地減輕減少，乃至沒有壓力。自知什麼？包括自己的先天資稟、學習能力、意志力、體能、財力以及社會資源，加上時機的所謂命運福報，便能選定方向，盡其在我地從品德、才能、知識等各方面不斷努力，充實自己，成長自己，但求耕耘，不論收穫，你的壓力感，就會漸漸地消失。

❀ 人生的資本

對社會環境及自然環境，不失望也不奢望，盡力而為，順應自然。對經濟問題，開源節流，量入為出，不浪費，當節儉，須常有危機感，但不要有恐慌感。享受人生，並不是耽於物質的欲望。貧窮不是恥辱，惜福乃是美德。

工作及課業，能優則優，不能優也並不等於走投無路。能擁有健全的人品、健康的身體、愉

快的心境，才是人生的資本。不要盲目地被環境的風氣，傷害到你的身心，相反地倒應該影響他人，向你學習，如何地享用人生。

——

（選自《禪門》）

禪一下	能夠放鬆身心， 煩惱必然減少， 壓力、負擔也才得以減輕， 心智才會明朗。

不要把希望
變成壓力

　　壓力通常來自對身外事物過於在意，同時也過於在意他人的評斷。譬如一個人希望社會、他人的肯定，把自己的價值交給社會、他人來評斷。當社會給你不好的評斷時，心裡就很痛苦，自己的地位、財產、名望下降時，也覺得很痛苦。

✿ 人生本來就一無所有

　　事實上，這些都是別人給的、環境給的，未必是自己的，何必放不下？

　　人出生的時候，沒有財產、沒有名望、沒有

地位、沒有身價，什麼也沒有。有了之後，成功時還可以，當自己沒落時，就很痛苦。怕沒落、怕倒楣，就產生了壓力。

所以壓力，就是害怕不能伸展、成長，就是害怕遇到困難和挫折，這都是源自於希望成功，求得保障的心理。

❀ 免除壓力的方法

有的人在他人的期待和自我的要求下，事情還沒發生，心理壓力和負擔就已經很大了，因為擔心事情沒有完成，責任沒有盡到。

事情即使沒有完成，只要是盡心盡力，就已經算盡了責任。就怕自己沒有盡心盡力、沒有全力以赴，那才是遺憾的事。

但如果事實已經是這樣，那也要將它放下。希望、期許都是正常的，不要把它視為壓力，否

則會減少自己奉獻和努力的心力和體力。

———

（選自《是非要溫柔》）

禪
一
下

以無所求心，
盡其在我地全心努力，
則當遇到困難挫折之時，
便能不受成敗的影響，
而能不以為苦。

非你做不可？

　　我每天都會告訴自己：「今天是一個好日子，雖然可能會遇到一些麻煩，但這對我而言是正面的機會，我要感謝它給我歷練的機會。」

✿ 事事都是好事

　　無論遇到什麼事，無論是幫助或是折磨，都是我意料中的事，它們對我而言都是好事。不要因為聽到批評或指責就心情低落，遇到問題時，我都會從正面解讀、逆向思考，所以每天都過得很快樂。

　　因為我的團體很大，相關的人和事相當多，

每天得到的好消息比不上壞消息，但我都從正面解讀，因為對不好的狀況已經有了心理準備，所以即使有不好的狀況，我也不會覺得那是壓力。

❀ 不給自己壓力

當有人對我有所期待，而說：「法師，這件事情非您做不可。」我會說：「世界上沒有任何事非等我做不可，但我能做到的，我會盡力做。」

如此一來，我不會給自己壓力，別人也不可能給我任何壓力。如果常認為什麼事情都非我做不可，即使原本沒有憂鬱症傾向的人，也可能罹患憂鬱症。

——

（選自《不一樣的身心安定》）

04
CHAPTER

工作有壓力是
正常的

　　三百六十行的從業人員，都會發生「做一行，怨一行」的現象。

❀ 別做一行，怨一行

　　哪一種人才不怨呢？只有做了以後，事事稱心如意的人才不會怨。但是，不論當老闆也好，當夥計也罷，或多或少總有不如意的事會發生。

　　有一位在建築界很成功的老闆也怨給我聽，他說：「現在的工人很不容易帶，他們隨時都可以鬧情緒。建築工地的附近，也很難遇上芳鄰，他們隨時隨地都可能包圍你的工地、攔截你工程

車的通路，一個個窮凶極惡，既要你的錢，似乎也要你的命。今天的臺灣，怎麼會變成這個樣子？」

這位建築界老闆接著又對我解釋說：「今天的臺灣是個多元化的社會，大家都可以伸張自己心裡的想法，這使得公司經營愈來愈困難。」不過，他又說：「雖然這麼困難，我自己是老闆，想要不經營下去還不行哩！」

✿ 承擔壓力，鍛鍊能力

在現代社會中，各行各業每個人的工作都承受了或多或少的壓力，除非你不想把這份工作做好，否則，必會承擔若干壓力。

所謂壓力，有的是人家對你合理及不合理的要求，也有你自己對自己的期許，因而造成心理上的負擔。有些人自信心不足、耐心不夠、意志

不堅定，就很容易改變工作崗位或工作性質。很多年輕人，習慣於從這家工作跳到那家工作，又從那項工作跳到另一項工作，隨時隨地在找工作、換工作。

在西方社會，特別是在美國，各種行業的從業人員流動率都很高，這些經常在流動的人可能剛開始時會占到一些便宜，因為他多了一點經驗，從這家公司到那家公司時，可能會升他一級，加他薪水，因為有許多公司剛好需要他這種中下層的專業人才。

但是，如果你一直都在跳槽的話，就永遠不可能陞到高階的職位上去。因為你隨時都可能離職，老闆不會相信你，關鍵性的任務不會交給你；重要的資訊不會告訴你；重要的技術不會教給你；重要的職位不會派你去。因為你既不把公司當成自己的，如果讓你多了解公司一點，對公

司便可能多一分風險；公司的智慧財產讓你分享了以後，你隨時可能將之拿到其他公司去，這對於原公司而言，乃是一項損失，所以，老闆不會讓你進入公司的核心。

因此，想要成為大公司高層的核心主管，最好能夠盡心盡力，安分守己地在公司裡服務下去，這在東西方社會都是一樣的。

（選自《法鼓鐘聲》）

禪一下

在逆境之中微笑，
在順境之時警惕。
如果你能面對現實，
接受順、逆兩種環境的考驗，
遠大的前程，
便在等待著你。

只許成功
不許失敗？

好逸惡勞、厭苦喜樂是人的習性，除非是意
志力比較強的人，否則很難克服。面對外來問題
時，有的人是以責任感來處理，有的人則是因恐
懼或不安而推拖逃避。恐懼、不安、過重的責任
感，這些加總起來，就變成壓力。

❈ 恐懼感的來源

人往往因為沒有清楚認識自己而不能肯定自
己，或是對自己的能力、智慧、優缺點了解得不
夠充分，所以很容易高估自己，不是誇張自己的
才華，便是膨脹自己的能力。結果在現實之中，

就經常會感到挫折與困擾，於是產生了一種恐懼感。

恐懼將來不知道會發生什麼事？恐懼自己的手伸出去，會不會被別人打一拳？恐懼自己的腳伸出去，會不會被踩一腳？因為無法預先想辦法來掌控它，所以隨時隨地都處在一種壓力的狀態下。

❀ 少一點得失心

減少壓力的辦法很簡單，就是少一點得失心，多一點自知之明，然後在確定方向之後，全力以赴。

少一點得失心的意思是，不一定非要成功不可，不要有只許成功不許失敗的心態。如果抱持著非成功不可的心態，壓力是非常大的。成功不是僅僅靠個人主觀的意念或努力，就能達到。不

管是哪一方面的成功，都是有外在的、客觀的許多因素相互配合，也就是我們常說的天時、地利、人和。

成功不要驕傲，失敗也不必痛苦，如此心裡就不會有很大的壓力了。

多半年輕的創業者，並沒有想到自己擁有什麼條件，也不管會發生什麼事，只是想也許可以試試看就去做了，反而開創出一番大事業。

所謂「初生之犢不畏虎」，年輕時，有擔當和嘗試的勇氣，能闖出一片天下來。年紀大了以後，畏首畏尾，考慮太多，反而成了阻礙。

成功的創業者，觀念新穎，總是走在時代的前端，帶著眾人向前跑，而眾人也促使著他不斷往前跑。他們知道成功是集合環境、集合各種各樣的條件而來的，因此成功固然很好，不成功，也沒關係，根本不會感受到有任何壓力。

所以，少一點成敗得失的心，成功機率自然
會增加。

——

（選自《是非要溫柔》）

> 禪一下
>
> 大家應隨時有面對挫折的危機感，
> 即是「要有最壞的打算，
> 和最好的準備」，
> 遇到困難時，
> 心裡才不會過度慌亂。

如何以平常心
面對反常事？

在我們的生活中，常會遇到風險，政治界有風險，工商界有風險，工作中有風險，家庭裡也有風險。如果說我們隨時隨地準備著面臨風險，任何事情發生都不用興奮，不必恐慌，好的事情很好，不好的事情也不意外，這就叫作「平常心」；平常心和「無心」相應，也和「本來面目」的心相近。

✿ 只考慮能不能做

平常心就是對任何事的處理、應對，不以得失、多少、成敗做考量，而只考慮能不能做、該

不該做、可不可以做，做了之後，當有問題發生時，也都能履險如夷，從容處置了。

我遇到一位在工商界很有成就的大老闆，我對他說：「你的成功真不容易啊。」

他說：「也沒有什麼啦，只要努力就好。」

我說：「努力不一定能成功。」

他說：「對，很多人埋頭苦幹，苦了一輩子，也沒弄出什麼名堂來。努力不一定就能成功，但是不努力也不行。」

我說：「努力還要加上運氣，運氣很重要。」

他說：「對！對！運氣不好，你再怎麼努力也是沒有用的，不過運氣好不好，有時候也要看有沒有眼光。」

我告訴他：「眼光就是你的智慧，運氣是你的福德。如果只是自己一個人空想：我的眼光很

遠，心量很大，那是沒有用的，一定要有機會才能成功；這個機會、運氣就叫作福報，也就是福德因緣。」

其實，能有眼光、智慧，也是一種福報，而且每個人的程度不一樣，這都與自我中心的心有關。

✿ 真正的成功

自我私心強烈的人，很可能有成功的機會，但不是可大可久，尤其在有成功的機會時，會不擇手段地搶、爭、奪。他本身好像是成功，但從長遠考量，對社會大眾都有損害，所以他個人的成功，也不能永保。

要讓自己成功也使社會得益，這才是真正的成功。因此，要想眼光遠大先要將我的私心淡化，做事會比較順利，就算不順利也會逢凶化

吉。否則，遇到逆境便在痛苦中掙扎，遇到順境時飄飄然，以為自己的能力很強，能一手創造天下，具有這種心態的人，會讓與他在一起的人都跟著倒楣，因他沒有智慧，也就沒有福報。唯有悲願是無盡的、是無我的、是永遠成功的。

——

（選自《動靜皆自在》）

禪一下

所謂平常心，
就是在日常生活中
看慣、聽慣、受慣、做慣的心情，
要以慣常的心境
處理反常的一切現象，
而對任何不得了的天大事情，
能夠當成平素的家常事
接受它、處理它。

07

加強能力，
化解壓力

　　壓力或競爭，看來都是外在的環境，其實都是自己給自己的。人要在高度競爭的環境中活得好，許多人說要培養「抗壓性」，但是更高明的方法，不是硬碰硬地抗拒，而是順勢化解、轉移迴避。

✿ 求不得苦

　　「抗」有對抗的意思，如果弄得不好，就會兩敗俱傷，產生後座力。所以，我主張四兩撥千斤，好像打太極拳，避重就輕，化有為無，轉實為虛。

要怎樣才能做到呢？壓力其實是來自於自己想爭取的，爭取不到；自己想要排除的，卻排除不了，因而取捨失據，這樣壓力就來了。所以，求不得很苦。但是，如果不去求、不去取呢？如果不正面抗拒而側身迴避呢？也就不苦了。

我的行事哲學是：已經有人做、大家搶著做的事，那我就不做；但如果是我不做就沒有人要做的、需要有人做的事，我就去做。如果迴避不了的，我就側身走過去。

還有，如果大家搶破頭都要做的事，他們沒有看出怎麼做比較好，那我就做。如果別人看了，也學我這樣做，又來搶，沒關係，就放手讓人搶去，因為我已經又前進一步了，不用害怕有人來競爭。

所以，我一直在人少的地方開路，常常是獨自一人努力，哪會有競爭呢？這叫「自知之

明」，不叫「壓力」。

　　舉例來說，法鼓山是最早興辦佛學研究所的，剛創辦的時候，臺灣只有這麼一家佛研所；後來，許多道場也覺得，辦佛研所的確是很重要，可以培養很多佛學人才，也紛紛開辦了各式的佛研所。

　　國內的師生資源有限，佛研所卻愈辦愈多，我們是不是要關門呢？不用，我們可以再想別的路子——由國外多聘老師來，加強師資陣容，提高教學素質。結果，我們的佛研所既可以和國際交流，又可以跟上國際水平。

　　所以分享資源，並不是壞事，大家資源共享，但我們繼續往前走。競爭不一定是壓力，而是促使你向前的動力。如果你在原地不動，在同一個空間裡和別人爭有限的資源，那一定很痛苦。

❀ 轉型的機會

我們不必非得打倒別人，自己才能站起來，而是要加強自己的能力，化解壓力。看見壓力與競爭，別當成是壓力，可以當成是轉型的機會，可以成長、突破，轉化壓力為助力，你可以選另一條路，不必為了競爭，和別人擠破頭。好比說，人家都在吃辣椒，你也拚命去吃嗎？不用，你可以選擇別的食物。另外選一種最適合你的食物，豈不也可吃得津津有味？

如果你在學校或辦公室裡，被別人視為假想敵，那很正常，代表你很優秀，應該覺得快樂才是。面對視你為競爭對手的同事，要用智慧化解，可以跟他當面談話，分享你的資源。也就是，不要把對手當做敵人，要做朋友，共享成果。

（選自《方外看紅塵》）

禪一下

> 沒有給自己太多的壓力，
> 也不會受到外境和他人
> 給我太重的壓力。
> 是我該做而能做的，當然做；
> 該做而我不能做的，就不做。

紓　壓　禪

08
CHAPTER

如何愈挫愈勇？

　　做事的時候，一定會有阻撓或遭遇困難和挫折。因為每個人有自己的想法、性格，每個團體也有其團體的性質與風格，因此，當要結合許多人或團體共同促成一項活動時，就必須付出耐心。

❀ 面對挫折的心理準備

　　做事要有耐心，首先要做好遭受挫折的心理準備。當有面對挫折的心理準備時，所面對的就不是挫折，而是挑戰；如果沒有心理準備，所遇到的就是真的挫折。

像法鼓山每次辦活動，難免都會有義工因為受挫折而感到無奈與無力感，雖然每次活動結束後，我們都會檢討，但結果只能盡量減少再犯同樣問題的機會，下一次仍然會有新的問題出現，因為只要有新的義工加入，就會有新的狀況發生。雖然如此，每當解決問題、完成工作後，又覺得得到成長，覺得付出有價值，所以就愈挫愈勇，繼續努力下去。我們就是這樣從挫折中走過來的。

　　除了培養耐心、克服挫折外，在工作中也要不斷提昇專業的能力。譬如以前的辦公室沒有電腦，但是隨著電腦的普及，現在每個工作人員幾乎都備有電腦，因為身處今日社會，如果沒有電腦、不會電腦，那麼工作效率、工作品質都會受到影響，無法勝任重要、緊急的工作。不論是做什麼工作，都要要求自己達到專業的標準，每個

工作都有它的專業，即使是接待、主持、司儀、廚房，甚至打掃廁所，都有它的專業。不會的就要學，可以向主管學、向同事學，或是安排學習課程，否則將無法把工作做好。

✿ 顧客永遠是對的

　　服務的精神在工作中也相當重要，做生意、開商店的人常講：「顧客是我們的衣食父母。」要以愛護、珍惜顧客的態度與精神，提供服務。大部分的人對你的公司不一定了解，對你的認知也不一定清楚，甚至他們可能只是想試探一下。但是，不論他們抱持著什麼態度來，都要秉持「顧客永遠是對的」的心態來服務他們。讓人不但願意來，來了以後還會繼續再來，能夠這樣就成功了。你不但服務了一個人，自己也在過程中得到成長，讓自己的涵養愈來愈好。有了這種良

好的服務態度，你到什麼地方工作都會成功。

———

（選自《帶著禪心去上班》）

如果我們只能接受成功
而不能接受挫折失敗，
如果我們只能接受順緣
而不能面對逆緣，
那我們的智慧和福報
也不會成長得那麼快了。

09

CHAPTER

是壓力太大或
努力太少？

　　壓力，有外來的，也有自己給的。外來的壓力自己無法掌控，但是來自內心的壓力，應該自己設法調整；對於外來的壓力，不是自己可以掌控的，我們只能做好面對它的心理準備。

　　例如不管是父母還是親朋好友，通常會對孩子懷有期待，希望他們能考個好學校，如果能上臺大當然最好。萬一孩子考不上臺大，彷彿全家都會沒面子，孩子的一生也完了！尤其那些家人全是臺大出身的，孩子如果沒考上臺大，簡直就是不應該回家了。這種壓力通常是親友給的，實在很糟糕。

✿ 預做準備，努力以赴

　　年輕人遇到這種情況，如果能明白：家長的期待、環境給的壓力，本來就不在自己的掌控範圍，只要不要給自己太多壓力，泰然處之，這種壓力自然就不會造成太大的負擔。另外，自己內心不要緊張恐懼，很多事情該發生，它就會發生；不會發生的事，自然就不會發生，一味地擔心也沒用。然而面對任何事都要預做準備，努力以赴。如果已經盡自己最大的努力，那麼考取臺大最好，考不上也就認了。但是如果沒有好好準備，也不給自己壓力，那麼就是自己努力不夠。

✿ 不患得患失

　　什麼叫作「智慧」？「當機立斷」就是智慧。當機立斷前你要先有準備，沒有專業的知識做後盾，如何當機立斷？一個外行人如何能當機

立斷，決定這個病人要不要開刀？所以一定要先有充分的準備，這點非常重要！

其次，要冷靜。患得患失的心愈少愈好，還要把自己的感情放在最平衡的一個狀態，否則做出來的判斷可能是不正確的。同時，不要把自己的利害得失或者是名聞利養放在問題之前，應該以自己的專業知識、學問和技術夠不夠做為判斷的依據。考慮清楚之後，就去做吧！

因此所謂智慧，其實指的就是自己的心裡不要有自我意識、自我中心，利害得失計較少一些，所做的判斷也就會比較正確一些；還有就是知己知彼：知己，自己對自己的能力要清楚；知彼，就是這一樁事情我對它了解多少，相互衡量之後，智慧就會產生。有了智慧再面對問題，壓力大概就能少一些。

（選自《不一樣的身心安定》）

禪一下

此路不通是因經驗不夠，
失敗可換取經驗，
應該感謝失敗的經驗讓你成長，
這樣想的時候，
就沒有走不通的路了。

如何運用危機
改變自己？

「塞翁失馬，焉知非福」並不是一句安慰人的話，如果我們真的能夠善於運用逆境、打擊，那麼它就會變成你成功的一個因素。相反地，有些人雖然幫了你很多忙，可是到最後反而會使你成為一個無能的人，變成你成功的絆腳石。

✿ 化危機為轉機

可見好與壞並不是絕對的，對於好的事情不要以為那就是最好的，因此覺得很高興或是有多麼了不得，而興起我一定要保護它、占有它的念頭。其實即使是好的，那也只是一時的。有時候

很糟糕的事，都已經到了一塌糊塗的地步，反而會讓你化危機為轉機。因為若能了解危機，善於運用危機來改變自己、改變環境，就能使得千頭萬緒的事迎刃而解，而你也能馬上成為一個成功者了。

因此，遇到好事不要沾沾自喜，壞事也不需要垂頭喪氣，這樣才不是愚癡，也才不會增加煩惱、痛苦。當然，每個人都希望成功，但是成功並沒有百分之百的，只是一般人往往會因為未達百分之百的滿意成就而感到痛苦；如果根本就失敗了的話，那就更加痛苦。

我曾告訴三位準備參加選舉的朋友：「成敗乃兵家常事，對於競選，我們應該要抱著必勝的信心，但同時也做好準備失敗的心。因為旗鼓相當的人和你競選，即使你失敗了，對你來說收穫還是很大；而對方也應該感謝你，由於你的競

爭，還有你豐富的經驗，才使得對方不敢大意，反而因此激發了他的智慧，提出更多、更好的政見。成功是每個競選者都希望的，大家都花了很大的心力，如果最後失敗了，這也是光榮的失敗。何況失敗之後，東山再起的機會還是很多的。」

✿ 轉心不轉境

這就是所謂「轉心不轉境」，以及中國人常說的「禍兮福所依，福兮禍所伏」。但是，這樣的想法和自我安慰的阿Q心態是完全不同的；阿Q心態是沒有希望的、無能的，是幻想式的自我安慰。

我們所強調的心態是有信心的、是努力的、是有目標的，也是有自知之明的，不會以為一失敗就從此一敗塗地，一成功就從此一帆風順，而

是一種非常積極的心態。如果能看清這兩者之間的差異、真相，我們就不會執著在其中，也就不會再煩惱了。

——

（選自《放下的幸福》）

紓 壓 禪

11
CHAPTER

遇到關卡，
該做的事照常做

為了一件小事，夜以繼日地傷腦筋或挖空心思地設法突破、解套，那是非常痛苦的事。

❀ 小心處理，不必緊張

在我一生之中，也常常遇到難關，而且是相當地多。有的難關甚至會要了你的性命。但是真正要你命的時候，任憑你用盡了方法、使盡了力氣也逃不掉。既然逃不掉，擔心又何用？能躲得掉的，就要想辦法，不必擔心；小心處理，不必緊張，這是我的首要原則。

其次，不能因為面臨關卡，而損傷到健康。

健康要保持，不能總是為這樁事在煩心。平日的生活作息要正常，應該要做、應該要處理的事，都要照常，當然，這樁大事也要盡速處理。但是老想著它、惦著它、擔憂著它，過不了多久就會頭髮發白、神經耗弱，更嚴重的是，很有可能會衍生成精神疾病。

❀ 保持平穩的情緒

為了保持健康，不管是小關卡、大關卡橫在面前，首先要保持平穩的情緒，然後面對它、接受它，接著處理它、放下它。要知道，健康沒有了，性命也跟著沒有了。

難關出現了，不要跟它硬拚。不要做「寧為玉碎、不為瓦全」的傻事；能有瓦全的局面也不是什麼壞事，如果玉碎了，就真的沒有任何機會了，這不是苟且偷生。寧為玉碎、不為瓦全的想

法，是非常愚蠢的。就好像本來沒有人要你的命，或者是想要你的命要不到，結果你卻自己把命送給他，這實在太傻了。

——

（選自《是非要溫柔》）

禪一下 | 人生的這條路，
只要自己過得心安理得，
不去妨礙別人，
也不造成他人困擾，
在這個原則之下，
人生條條都是大路，
處處都有機會。

12
CHAPTER

如何面對
四面八方的壓力？

　　我要奉勸各行各業的從業人員，不論是白領
階級也好、藍領階級也好，不論是哪個層級，應
該拿出信心、耐心、毅力，在工作崗位上求進
步、求發展、求深入，忠於公司，把生命和老闆
的公司結合為一。這樣一來，對國家社會的安
定，對個人前途的穩定，都有益處。

✿ 不如意事十常八九

　　所謂「不如意事十常八九」，在工作中有怨
是正常的。當有怨的時候，念頭轉一轉，想想看
如何化解眼前的難關，要是自己無法處理，就跟

老闆或同事商量一下，也許問題就化解掉了。如果根本不能解決，就先放在一邊不要管它，漸漸地就可能被遺忘。

❀ 能諒解就不是壓力

工作上的壓力之外，人與人相處更是惱人，這個人要求你，那個人也要求你，壓力來自四面八方。做人原則方面，各人有各人的尺度、各人有各人的方式、各人有各人的觀念，我們會覺得好像四面楚歌、進退維谷，其實只要能諒解，就不是壓力。

上班族要有心理準備：「有困難是正常的。」當以誠懇、謙虛的心待人，有些問題自然可以解決。若有人永遠和你對立，那也沒關係，他和你對立，你不要和他對立，他不跟你講話，你和他講話，和他打招呼。盡其在我，包容異

己，一切順其自然，縱然仍有問題，也不再是煩惱了。

———

（選自《法鼓鐘聲》）

禪一下

人的一生失敗是難免的，
只要心不死，
總有爬起來的時候，
不要不相信自己。

有耐力就不怕壓力

　　人生有許多事，是不服氣也得服氣呀！不必偷罵老闆，但你也可以有其他的選擇。孔子說：「危邦不入，亂邦不居。」他懂得明哲保身，也不輕易為昏庸的君王所用。所以，如果組織的領導人太無能、太腐敗，看起來真是沒有希望了，這時如果你能夠向更高層的人反應，就努力試試，看能不能改變現狀，也許這正是調整組織的好機會。

　　反過來想，或許主管堅持你看來並不高明的決策，那是因為他看到你並沒有看到的層面，他自有道理。可以退一步想想，是不是有這樣的

可能？

　　另一種想法是，或者你真的看出主管的無能為力，看出唯唯諾諾的做事方式，並不適合你的性情，這樣的組織再留下去也沒有希望，就看你有多需要這份工作，否則大可另找可棲的良枝。

　　有時候，我覺得現代人工作的流動率太大了。個人意識太強，一點不稱心如意，就拍拍屁股走人，一點都不給自己或對方留轉圜餘地。有人一年換好幾個工作，這樣對人生的歷練並不好。

❀ 試試自己的能耐

　　如果你的工作，可以讓你學到經驗，你不妨安定地做一段時間，累積一點經驗，在不完美的工作環境裡，試試自己有多少能耐，能夠扭轉情勢，真的勢不可為了，再決定換另一個工作，這

樣可能是比較負責任的作法。

　　否則，當你再去找新的工作，拿出履歷表時，若是一年到頭都在換工作，別人可能對你會不太放心，覺得你的穩定度不夠，擔心會不會只要有壓力，又立刻跑掉？會不會大的任務，就不能交給你？薪水也不敢給你太高的承諾。

✿ 訓練自己的適應力

　　當你的主管一點都不含糊，而是十分精明，事事都想得比你遠、看得比你清楚，點子多、反應快，那在他的眼裡，你也可能成了「低能屬下」了，或許那個時候，你更痛苦呢！因為永遠跟不上主管的變化。也或者，主管的反應是因為他必須聽命更高層的決定，但在下位的人看不到前面的決定，反而誤會了主管，讓他枉做「豬頭」。

有時，主管的「穩重」，並不是「無能」，不妨試著去欣賞他的優點。畢竟訓練自己的適應力，是職場的必修課。

———

（選自《方外看紅塵》）

禪
一
下

應該面對、歡迎挫折，
很歡喜地一個挫折一個挫折走下去，
這樣挫折就變成不是挫折，
而且是自己的一種成就，
也是自我成長的軌跡。

14

CHAPTER

對順境感謝、對逆境感恩

　　在生命過程中，要學習對順境感謝、對逆境感恩。處順境時，例如有貴人相助、好運連連、一路上平步青雲，在這種情況下，更要謙虛謹慎，並心懷感謝每一個相關的人，不可過河拆橋、得意忘形，更忌驕傲自大，否則很容易出狀況。

❀ 要從逆境學取經驗

　　遇到逆境之際，也一樣要感恩，因為逆境會使人成長得更快，磨鍊得更勇敢、更堅強。但如果遇到逆境，自己卻不會檢討反省，不能從中學

取經驗，只是一次又一次接受相同挫折，這就不是在接受逆境的考驗，反而是自己的愚癡、無知了。

有時候的情況是自己沒犯錯，但因時空環境變了、人事狀況變了，一時間會有無法適應的痛苦。遇到這種情形，就要趕快調整自己的想法和作法，來適應現實的大環境。因為先有了自己的價值觀及大方向，就不會沒有機會來發展自己的抱負。

✿ 不求事事順心

我這一生，從不求事事順心，也不求沒有逆境出現。遇到逆境的時候，我是這樣處理的：首先告訴自己：「山不轉路轉，路不轉人轉，人不轉心轉。」只要想法一轉，現前的困境就不存在了；困境不存在，自然就會發現新的出路。此外

要「面對它、接受它、處理它、放下它」，有些事情，想來想去沒辦法處理，那就接受吧！接受就等於處理，也就可以放下了。

而放下以後，心上就不要牽牽掛掛、怨恨悔惱，如果還在牽掛、怨恨，自己就會雙倍倒楣，因為自己的信心不見了、勇氣也沒有了。在最困頓的時候，我形容自己就像是被五花大綁，在這樣的情形下，我的心還能自在地打太極拳。只要不以為自己倒楣，也就沒有什麼事可以困擾自己。

——

（選自《我願無窮》）

禪一下｜恩人可有兩類：
一是為你順水推舟的人，
二是使你逆水行舟的人。

15

面對貧窮的勇氣

　　一般人在習慣安逸平順的生活以後，要由奢入儉，拋棄原來的闊綽習慣，的確是很困難。《紅樓夢》裡的賈府，盛世時過得很風光，但賈府沒落了，開銷還是要照常，當家的人就很辛苦了。

✵ 能屈能伸的本事

　　面對還債壓力，首先要做到能屈能伸，不要怕丟臉，要面對它、處理它。有的人很慷慨、很豪爽，有錢時拿錢給大家用，一旦沒錢了就不知該怎麼辦？其實處理的方式很簡單，就是老實地

告訴大家：「我沒錢了！」

　　過去有一位壽冶老法師，他是越南解放前最後一位總統楊文明將軍的師父。老和尚在越南時，非常有錢，隨時布施。越南解放後，老和尚和幾位年輕的出家人逃到美國。老和尚說：「現在到了美國，我們都沒錢了，你們身上的錢全都拿給我做為大家的生活基金，否則就不要跟我住在一起。」老法師的作法是對的，有錢時，該慷慨就應慷慨；沒錢時，也不必硬撐面子。這就是出家人的本事了。

❀ 面對沒錢的事實

　　現在一些卡債族，沒錢了就應面對沒錢的事實，過去吃好的、穿好的、用好的，現在就不能這樣了。四十年前，曾經有位建築商帶全家人來皈依，一番心意要護持我，要建道場，我很感謝

他。但半年後這位弟子突然不見了，找到後，他說不好意思見師父，因為生意垮了，現在住在朋友的小閣樓上，一家五口一天只能夠靠一把麵過日子，既不敢見師父，也沒有辦法面對世界。

我問他：「是不是有很多債主找你？」他說：「是。」我要他面對債主，他說：「債主會逼死我。」我說：「告訴債主，逼你死是犯法的事，也拿不到錢，讓你活下去，反而有機會還錢。」後來難關度過了，他再度站起來了，他的孩子們也很有成就，有當律師的，也有當醫生的。

這位建築師的人生起落很大，但他有勇氣活下去，有勇氣面對貧窮，不放棄生命，所以走出來了。人要學習能屈能伸、能貧能富，富時不要忘了貧時的生活，貧時要忘了富時的生活，這樣一定能度過難關。

面對還債壓力，首先要做到能屈能伸，不要怕丟臉，要面對它、處理它。

——

（選自《方外看紅塵》）

禪一下　　時時刻刻保持平靜的心態，
　　　　　不要得意忘形，
　　　　　這是忍的智慧。

失敗都是
別人的錯？

　　我在東京時，曾經遇到一位從臺灣來的朋友，他是政治大學畢業的。他的同學有人做官當到次長，甚至是部長的，因此很感慨地對我說：「法師，您曉得嗎？我很倒楣啊！時不我與，時運不濟，好運彷彿總臨不到我頭上，所以我在東京只能放棄努力，乾脆隱姓埋名了。」他因為眼看著同學、同輩的事業都很得意，而產生一種失落感，其實這就是因自負所引起的失意。

❀ 自知而自信的人

　　如果是自知而自信的人，就不會這樣想了，

他們會說：「我有做這種事的能力，如果有機會的話，我一定能做得很好；假使沒有機會的話，也沒有關係。因為這不是我能力的問題，而是因緣不成熟的關係。」或者說：「有什麼事我就做什麼事，不一定要做部長，我做別的事一樣可以做得很好。」所以，自負和自信之間還是有差別的。

❀ 不存比較心

因此，察覺慢心的關鍵，就在於是否存有比較的心。一般來說，慢心是自以為比別人高一等的人才會有，就像有的人會將事情的成功歸功於自己，而將失敗歸咎於別人，認為做不好，都是因為別人拆自己的台。

其實覺得自己比別人不好，心理所產生的不平衡和失落感，也是慢心。要知道，事情的成功

是需要很多因緣來促成的，不一定全都是自己的功勞。因此，對任何事情我們應該抱持是不是由我來做都好的態度，如果不能做這件事，也可以改做其他事。能夠如此，就能保持心裡的平靜和平安，也就不會起慢心了。

——
（選自《放下的幸福》）

> 禪一下
>
> 先要自我肯定，
> 才能受人肯定；
> 先要自己有信心，
> 他人才會對你有信心；
> 先要尊敬他人，
> 才能得到他人的尊敬。

17
CHAPTER

如何運用
生命的低潮期？

有很多人因為不知道生活的意義與生命的價值，所以總把人生過程中的高潮與低潮、得意與不得意，當作好壞的標準。得意順利的時候就慶幸自己交好運；不得意不順利的時候，就哀嘆倒楣。如果真的了解人生的意義和價值，就沒有所謂得意與不得意的問題，也不會有所謂低潮和高潮的問題了。逆境當前未必不好，順境當前也未必真好，但看我們如何面對、如何運用而定。

以我個人而言，一生經歷走得比一般人辛苦。小時候，同年齡的孩子們可以上學，我卻沒有這樣的機會，這算是低潮。之後，我就讀佛學

院，沒多久爆發戰爭，寺院遭受破壞，許多同學還俗去做工，而我為了日後能夠繼續出家，只好選擇暫時離開寺廟去從軍；那段時間，和我同年齡的人在讀高中、大學、研究所，而我必須在軍中當兵，這可說是我人生的另一個低潮。

當我再度出家後，終於有了進修的機會，我到日本留學，留學期間卻沒有經濟支援，日子依舊苦悶。取得學位後我到了美國，時運不濟，我便在美國街頭流浪，這也算是人生過程中的又一個低潮。但是我就在低潮之中，運用那些低潮時期，不斷地學習、大量地閱讀，從見識、學問、心性的成長來充實自己，雖然一無所有，可是並沒有浪費生命。

❀ 運用低潮期充實自己

在我十多歲時，因為環境的關係，而學會運

用生命的低潮期來充實自己，從那時起我開始摸索著寫文章投稿，二十多歲時便有作品發表；為了寫作，我必須自修看書，因此雖然際遇顛沛動盪，但我並沒有讓生命留白。即使在軍中，我也把握自我成長的機會，除了完成長官交代的任務，也隨時利用時間看書、寫作、禮佛。當我退役之後再度出家，有機會到山中掩關修行，雖然沒有信眾供養布施，我卻一住就是六年，真是人不堪其憂，而我仍能樂在其中。那段日子，竟是我第一個佛學著述的盛產期。

尤其當我在日本留學的那段日子，雖然沒有人接濟我，卻是我生命中自我成長的黃金歲月。即使在美國街頭流浪，每天仍然忙得不亦樂乎，從不感到徬徨、空虛與無奈。因為我已經習慣了面對逆境，如此一來，縱然有點挫折感，卻不會覺得是倒楣。

❀ 心不被遭遇所左右

　　對於這些低潮的經驗，我把它視為我生命過程中的必然。我現在也活到晚年了，已有許多的經歷，也成立了一個國際性的團體；從旁人的眼中看來，可以算是我生命中的最高點了，但我還是把它當作只是一個過程，並沒有什麼高點或低點。因為每個人的生命過程總是起起落落，只要自己沒有糟蹋浪費，每一個段落都是有其價值的。如果我們的心情會被起伏的遭遇所左右，將會活得缺乏意義，生命也無價值；如果生命只要高峰而不能善用低潮，人生的可觀處大概就只有一點點了。

——

（選自《人間世》）

18

CHAPTER

找對方向，
不管成敗壓力

要對自己有自知之明，知道自己的才能，知道自己的人緣，知道自己的財力資源，知道自己本身所處環境的條件，衡量看看這些因素是不是許可自己成功，而且能成功到什麼程度。

❀ 掌握不變的原則

人追求成功，自然會面對壓力，所以要充分了解自己，多一點自知之明，然後找一個方向全力以赴。所謂的方向，是一面成長自己，一面又能奉獻自己，成就他人。也就是說，對自己有利，對他人、社會也有益的，就是我們奉獻的

方向。

　　有的人剛開始學醫，結果變成政治家，如國父孫中山先生；有的人原來是學文的，結果變成商人。人生的過程中，一個階段又一個階段，機會很多，但機會是一回事，能不能掌握一個穩定不變的原則，又是另一回事。如果原則、方向一變再變，那對社會大眾的奉獻就有限，自己的心理壓力也會增加很多。譬如我從小就能寫文章，雖然可以當作家，但我認為自己當作家不如當一個和尚更適合，所以還是選擇了出家。因此看哪一方面讓自己最能安心，而且對他人更有利益，就往這個方向走。

✿ 善觀因緣的智慧

　　另外，專長和興趣最好能配合得當。例如現在沒有興趣做別的事，只對某一項工作有興趣，

那就去了解這項工作、朝這個方向發展。鎖定方向培養專長之後，就要盡力發揮、盡量努力深入，持之以恆，透天徹地去做，也可以不必管成敗的壓力了。

一個人只要鎖定方向，在努力的過程當中，一定會有許多的磨鍊、挫折，這都是正常的事。在心理上要預備好會有困難出現、有挫折發生、有變故等，如果有這種預備的心理，就沒有什麼壓力。預料中的事情發生了，能夠處理的就處理，不能處理的事就接受，然後暫且放下來，待因緣際會時再處理，這叫作智慧。

———
（選自《是非要溫柔》）

行到水窮處，坐看雲起時

問：唐朝詩人王維有兩句詩「行到水窮處，坐看雲起時」，千古傳誦。人們常用來自勉或勉勵他人，遇到逆境絕境時，把得失放下，也許會有新的局面產生。如果從禪的立場來看這句話，會是怎麼說呢？

答：王維的詩與畫極富禪機禪意，文學史上尊他為「詩佛」。他的兩句話「行到水窮處，坐看雲起時」，「水窮處」指的是什麼？登山時溯流而上，走到最後溪流不見了。有一個可能是該處為山泉的發源地，掩於地表之下。另一個可能是下

雨之後匯集而成的澗水在此地乾涸了。這個登山者走著走著，走到水不見了，索性坐下來，看見山嶺上雲朵湧起。原來水上了天了，變成了雲，雲又可以變成雨，到時山澗又會有水了，何必絕望？

❀ 處絕境時不要失望

人生境界也是如此。在生命過程中，不論經營愛情、事業、學問等，勇往直前，後來竟發現那是一條沒法走的絕路，山窮水盡的悲哀失落難免出現。

此時不妨往旁邊或回頭看，也許有別的路通往別處；即使根本沒路可走，往天空看吧！雖然身體在絕境中，但是心靈還可以暢遊太空，自在、愉快地欣賞大自然，體會寬廣深遠的人生境界，不覺得自己窮途末路。

「行到水窮處，坐看雲起時」有兩種境界在其中。第一種，處絕境時不要失望，因為那正是希望的開始；山裡的水是因雨而有的，有雲起來就表示水快來了。另一種境界是，即使現在不下雨也沒關係，總有一天會下雨。

❀ 回到初發心

　　從水窮到雲起到下雨的過程，正如一個人在修行過程中遇到很大的困難，有身體的障礙，有心理的障礙，還有環境的障礙。如果因此而退心，要把念頭回到初發心的觀點上。初發心就是初發菩提心的時候。

　　初發心時什麼也沒有，對修行的方法、觀念都不了解。你先回溯當時的情形再看看目前，不是已經走了相當長的路了嗎？所以不要失望、不要放棄。

人生的每個階段也都可能發生這種狀況，如果用這種詩境來看待，處處會有活路的。

——

（選自《聖嚴說禪》）

<table>
<tr><td rowspan="2">禪
一
下</td><td>大丈夫能屈能伸，
得意時不會發狂，
倒楣時更無需自卑。
有智慧的人，
不論在任何時間、任何立場、
任何情況下，
心裡都是坦蕩蕩的，
都是自在的，
無牽、無掛、無礙的。</td></tr>
</table>

20
CHAPTER

不能做大事
就做小事

　　我們遇到了問題或狀況，不要憤憤不平、憂愁苦惱，有時是時機還未成熟，這也沒有關係，現在不能做大事就做小事，現在沒有辦法賺大錢就賺小錢。

　　俗話說：「天無絕人之路。」只要你有求生的意志，不管生病也好、窮困也好，都能夠生存下去。用現代的語言來說，我們可以從逆向來思考人生的谷底和低潮。就好像在旅行中，當你走到山頂時，再往前走一定是下坡，天底下哪有這麼多的山頂可攀？到了最高峰的時候要有自覺，知道接下來就是往谷底走了。相同地，當到了谷

底時，往前走又會遇到另外一座山，又是邁向另一高峰的時候。

看別人站在高峰上，不要以為上高峰是很舒服的，認為登峰造極非常威風，事實上要上高峰之前的過程是滿辛苦的。對於已登上最高峰的人而言，自己心裡應該清楚，接下來必然會往下走，但心裡不是失意，而應該歡喜，告訴自己，這下子又可以省一點力，準備要往下走了。因為下坡比上坡輕鬆，只是當走下坡的時候，別人會看不到你，也沒有風光了，但還是要不斷努力。

✿ 不可能永遠站在高峰

既然到了谷底，不妨欣賞一下谷底的景色，山是青的，水是綠的，山谷是幽靜的，空谷也會有跫音，這和山頂的風光是截然不同的。欣賞完谷底的景色之後，我們又要準備往上走了。人生

的旅程就是這樣起起伏伏、連綿不斷，人生也就是因此而精彩，因此而不斷成長。

如果希望人生一帆風順，永遠站在高峰，那是不可能的事。即使是古代的皇帝，從選為皇太子到登基為止，難道都沒有經歷過低潮嗎？皇帝這個位子並不好坐，從當皇太子的時候就要接受一般人沒有受過的訓練；做了皇帝即使大權在握，除了要鞏固自己的權位，還要完成自己的理想，這些都必須花費很多心思，也沒辦法高枕無憂。

所以說，就算是全世界最有權勢、最有錢的人，他們的人生也都會遇到低潮。人生不可能永遠是直線上升的，生命過程中的波波折折要視為一種磨鍊，是成長的必經過程；如果沒有勇氣面對，不但錯失成長的機會，也將會煩惱重重。

❈ 因緣變化難掌握

要除煩惱，談何容易！在沒有斷煩惱之前，唯有用佛法的智慧來幫助自己化解煩惱。佛法的智慧是什麼呢？簡單地說，只有兩個觀念：一個是「因緣」，另外一個是「因果」。

任何一項事情的成敗得失、聚散離合都是有因有緣，由許多因素促成的，這一切不是自己能夠掌控，我們只是其中的一分子。既然不能掌控，就不需要對自己失望，因為其他人也是沒辦法掌控的。所以做不到的時候，不需要認為自己無能。

因緣也就是時機，包括自己的能力、健康，以及環境裡的種種現象，例如自然現象、社會現象、家庭的倫理現象等。我們的身體也好、思想也好，都是受了這些環境的影響而產生變化，這就是「因果」。當許許多多的因素湊合起來完成

了一件事，已經有了結果，那只有接受它了。

　　用佛法來講，碰到問題，做任何事的態度，可以用四句話來運用，即：面對它、接受它、處理它、放下它，也就是「四它」。勇敢面對問題，接受現況，看應如何處理就處理，處理之後就應放下；放下不是放棄，而是處理之後，不要牽掛成功與否。因為成功了不必沾沾自喜、得意忘形，失敗了也不要覺得灰心喪志。只要面對事實、接受事實，就不會老是自怨自艾。

——

（選自《生死皆自在》）

禪一下

剛柔並濟，
以退為進，
以疏導代替直接的衝突。

如何處理
失業的壓力？

　　有些人因為被裁員而暫時找不到工作，不過如果不是困窘到沒有飯吃，生活還過得去的話，我建議可以利用這個空檔好好休養一下，或是去當義工。一邊當義工，一邊養精蓄銳，讓頭腦沉澱一下，調整方向與腳步，重新出發。

✿ 放下身段

　　當然，還是要找新的工作，只不過在當一段時間義工後，也許找工作反而比較容易，因為心情不一樣了，看事情的角度也不同。一般人總認為，自己到了某個層次後，接下來找的工作不能

比過去職位低、薪水少，這樣的想法在當了義工
之後會漸漸轉變，比較能放下身段，讓心境更透
徹、柔軟。其實，不要計較職位高低、薪水多
少，這樣一來，天地還是很廣闊，能走的路還是
很多。找到工作之後就要像當義工時一樣，懷抱
奉獻的心態，老闆給我多少錢、叫我做什麼都沒
關係，只要有事做就好。

❋ 平時的預防

還有，如果既失業又沒錢怎麼辦？這就要靠
平時的預防了。我常對佛教徒說，無論收入多
少，總要預備一部分做為日常支出，一部分儲
蓄，一部分奉獻社會，一旦面臨突發困境，壓力
也不致太大。

在我看來，新的變局剛好也是沉澱思考的好
時機。不要總是追求金錢，應該建立正確的人生

觀，這才是最好的財富。

——

（選自《不一樣的社會關懷》）

禪一下

唯有在山窮水盡、走投無路之際，
仍然往前邁進，
才會發生驚天動地的奇蹟，
出現不同尋常的境界，
這叫作「絕處逢生」。

面對壓力
如何心不累？

　　有一次我遇到超級馬拉松的世界冠軍林義傑，我問他累不累？他說：「當然，不僅腳和身體，連頭都很累，尤其抵達終點時，氣都差點喘不過來。」我就問他：「你是怎麼跑完全程的？」他說：「就是什麼都不管，只曉得往前衝。」

❀ 沒有壓力往前衝

　　從新聞畫面上，我看他一路跟著領先的美國選手跑，美國選手跑得慢，他就跑得慢一點，美國選手跑得快，他就跑得快一點，快要到終點之

前二十分鐘，開始衝刺，最後就得到了冠軍。美國選手雖然一路領先，但因為後面有人追趕，所以感覺壓力很大，而他只是跟著美國選手跑，即使累，但是沒有壓力，最後一直往前衝，就得到冠軍了。

修行也是一樣，要精進、不能鬆懈，雖然累，還是要不顧一切地衝到終點為止。我們雖然不跑馬拉松，但我們有「從此西方過十萬億佛土」的距離，不衝怎麼跑得過去。所以，勉勵諸位，全力以赴，用方法就會有力量。

✿ 忙得快樂，累得歡喜

我的醫生幾十年來都這麼告訴我：「法師！你要好好休息，休息是為了走更遠的路。」我說：「我幾十年來都沒有休息，身體雖然累，但心不累。我的心是愉快的、不急躁的，如同我常

說的『要趕不要急，要忙不要累』，那我還不是活過來了，而且還活到這麼大把年紀。」

　　因此，我們要「忙得快樂，累得歡喜」。

———

（選自《聖嚴法師教淨土法門》）

禪一下

工作要趕才會做得多，
心情要鬆，
才能把工作做得好。
如果工作的態度太急，
就容易出狀況；
如果工作的心情太緊，
就不能保證工作的品質。

紓　壓　禪

忍出工作好本領

　　大家往往認為「有權就有理」、「官大學問大」，但有時並不是這樣的。有時小職員覺得委屈，是因為自己的自尊太強或自卑感造成的。有時候主管並不是很嚴厲的指責，而是勸告，但自卑感重的職員，往往覺得很委屈，不想再做下去。

❋ 難得的機會教育與訓練

　　大部分的主管應該在工作上都有相當的歷練，因此，身為低階或新進的工作者，應該學孔夫子所稱的：「入太廟，每事問。」任何事先請

示，聽懂了、看懂了很好，沒聽懂、沒看懂，就再請教。如果努力做了，卻還是被主管修理，這時候應該感到高興，因為這是難得的機會教育與訓練。

不要跟老闆唱反調，他是你的上級，和他唱反調，一定是下屬倒楣。也許你的見解很好，作法也比較高明，但你和主管唱反調，好面子的主管就很難採用你的建議。因此與主管相處，即使是再壞的主管，都要感謝他給你指示、指導；雖然你的想法與方法比他好，但是不要馬上反對他，時間久了以後，主管會發現你的才能，可能就放手讓你去做。

❁ 練習如何與人相處

有的人會說：「辛苦工作一個月才賺兩、三萬元薪水，何必要受欺負，不必為五斗米折腰，

不幹了。」這裡不幹，換一個地方，可能仍然遇到有同樣態度的主管；如果還是不幹，到處蜻蜓點水，找不到工作，又能學到什麼？

如果能忍下去，時間一長，可以學到人與人相處、工作歷練、領導力等很多技巧，自己也就成長了，等待成長後再換工作。如果自己的本領練好了，到其他地方工作，也會受到重用。

基層人員一定要有心理準備，可能遇到愛罵人的主管，以及隨便找碴的主管。隨便找碴的主管，可能是性格造成，但也許他嘴巴不留情，但很會照顧、指導部屬；也有些主管雖然不會罵人，但做事不乾脆，常常繞圈子，也會讓人不舒服。

進入職場首要練習如何與人相處，因為自己很多事不懂，要有犯錯挨罵的準備；若心理上已有準備，就不會覺得委屈，也就不會因此辭職，

失去飯碗。只要心念轉一下，柳暗花明又一村。

——

（選自《方外看紅塵》）

禪一下	抱持著人生的大方向， 不斷地充實自己， 隨時做好奉獻自己、 利益他人的準備； 即使在挫折中， 即使我一無所有， 也不會喪失我的大方向。

別再自己逼自己！

　　曾經有人問我：「師父，我看了很多有關積極人生觀的書，希望能鼓勵自己不斷地努力。可是，看多了以後，反而覺得壓力沉重，因為這些書都說你要這樣、要那樣，才算積極。所以當我做不到的時候，就覺得自己很不應該。」

　　其實，寫這種書、做這種演講的人，他們的確是讀了很多書，收集了很多資料，並且經過他個人的觀察、思考，才提出積極人生的理論，研究出很多如何過積極人生的方法。但是他們是不是能做到像自己所說的那樣積極呢？或許他們自己也會積極得很辛苦。

這不是說積極人生不好，而是像他們書中或演講中所說的那麼美好的積極，實際上是做不到的。按照他們的說法，積極就是要給自己訂定目標，並且督促自己一定要在規定的時間內完成進度、達成目標，否則就是失敗，就表示人生不圓滿。

像這樣的積極真是很苦的一件事，不斷趕著自己、逼著自己一定要達成什麼樣的目標，看起來好像非常有活力、有朝氣、很美好；事實上，這樣的人生充滿了壓力，一定非常痛苦。也難怪有一些專門在講積極人生的專家學者們，當他們有機會跟我談話的時候，往往也希望從我這裡找到紓解心理壓力的方法。

❀ 給自己迴旋和緩衝的空間

給自己一個目標本來是件好事，可是，如果

沒有預留緩衝和迴旋的餘地，即使是自己心甘情願去做的事，到最後也會因為沒有喘息的機會，而覺得無奈；而且一旦成為無法承受的壓力時，再喜歡的事都會變成一種苦難，甚至是災難。想想看，我們這個人生已經夠苦了，實在不需要再製造不必要的苦難讓自己來承受。

因此，無論如何都要給自己迴旋和緩衝的空間。不把自己逼到痛苦的地步，這樣的積極才合理。合理的積極還要跟自己的能力相符，做自己能做而且喜歡做的事，由於駕輕就熟和滿足了興趣，自然很容易積極，而且可以勝任愉快。

❀ 愛你所做的工作

可是並不是每一個人都有這種機會，大部分的人往往是學非所用，自己所做的和所學的、希望的、喜歡的、有興趣的事不一樣，興趣常常只

能當作副業，而不能成為職業。有一句話說：
「做你所愛的，如果不能的話，那就愛你所做
的。」能夠做你有興趣的事，是有福氣的人，但
如果不能的話，也要嘗試接受你所做的事，慢慢
培養出興趣。能讓本來沒有興趣的變成有興趣，
就是一種積極。

——
（選自《找回自己》

| 禪一下 | 接受每一秒鐘的現在，
珍惜每一口呼吸的現在，
也能懷著十足的信心和無上的願心，
迎接光明的未來。 |

25
CHAPTER

慈悲自己

有些人心地很好，待人友善，不存壞心眼，卻常常被人傷害，為什麼？因為自己的情緒很容易波動，一波動，就被人傷害了。多數人都認為是他人傷害了自己，實際上不是他人傷害自己，而是自己很容易受到影響。如果能夠有些安定力，以及隨時隨地存有受挫折、受批評的心理準備，經常調整自己，就能夠不受環境影響了。

❀ 煩惱比工作疲累更可怕

如果是遇到解決不了的問題，該怎麼辦？就念「阿彌陀佛」聖號。這樣，情緒就不會波動，

也不會受人、事的影響而動搖。而當我們心理不平衡時，最吃虧倒楣的其實就是自己，那才是真正累人和痛苦的，所以煩惱要比工作上的疲累更可怕。

我們和所有的人都一樣是眾生，所以不需要自視過高；不過，雖然我們是普通凡夫，但還是要學習菩薩的慈悲精神。慈悲就是沒有敵人，沒有敵人的意思，就是包容所有的人，不僅是親人，連敵人也要包容。

包容並不等於是犧牲自我，而是把他人視為自己的一部分。因為息息相關、唇齒相依，所以彼此守望相助。小至家庭，大至國家，只要一個人動，整體都會受到直接或間接的影響。

❁ 相互包容

由於「物競天擇，適者生存」的觀念，使得

在職場上存在著一種情況，認為只要贏過對方，讓對方倒下去，自己才能夠往上爬、站起來。其實這個觀念是錯誤的，競爭不是要將對方打倒、比下去，而是每個人努力地提昇自我。自己的成長亦會帶動他人的成長，當我們每個人都成長了，自然會產生彼此的包容力。而「自他不二」，亦即自己和同仁之間是一體的，不分彼此，能夠達到這樣的程度，就會非常快樂。

相反地，如果心存敵人，那麼時時刻刻都會感到有敵人出現。譬如他人工作表現比自己好，自己心裡放不下，就產生了敵人；心中嘀咕著他人工作表現比自己差，那也是敵人。所以，當沒有包容心、沒有慈悲心時，處處都有敵人。有時甚至於自己就是自己的敵人，譬如自己和自己比較，高估自己，或是自我要求過高，一旦要求不到就恨自己、看不起自己。

慈悲不僅是對他人，也要慈悲自己是個眾生，原諒自己。譬如當自己煩惱不已、放不下自己的時候，不要過於刻薄嚴苛地要求自己，畢竟自己只是普通人，如果自我要求過高，希望一定非要達到什麼程度不可，結果通常是自己更加痛苦。譬如有人一定要考上醫學院，但是沒有評估自己本身是不是具有考上的條件，最後難免失望。因此奉勸大家，一者要自我學習成長以提昇能力、品德，同時也要存著「盡心盡力第一」的態度，才不會自惱惱人。

———

（選自《帶著禪心去上班》）

禪一下

禪的方法教人放鬆身心，
進而專注、統一而終至放下身心。
禪的目的是以平常心做平常人，
成一切事。

26 CHAPTER 失敗是成功之母

人要前瞻，要往前看而不要往後看。所謂的陰影，有的是自己犯的錯誤，不過那已經過去了，不需要再提起，更不要把自己困在相同的情境當中。或許其他的人會跟你翻舊帳，但是自己不要算自己的舊帳，可以檢討，但是不要覺得痛苦。因為過去的錯誤是因為愚癡，那時候沒有智慧也還不成熟，現在年紀大了、經驗也多了，只要不再重蹈覆轍就可以了。

❀ 心存感謝化解怨恨

俗話說：「失敗是成功之母。」不要老是處

在失敗的心情下，而要面對自己過去的事實，不管過去是不是有人扯我的後腿、是否被他人一棒打倒，都不要再陷入被人打倒的情緒中，繼續走自己的路，這才是最重要的事。

此外，也不要回頭報復，像《基督山恩仇記》那樣，有怨報怨、有仇報仇之後才消氣，這樣自己就沒有辦法往未來的路平順地走下去了。要時時想著自己的因果由自己承擔，怨家宜解不宜結，對於他人給予自己的折磨，唯有心存感謝才能化解怨恨。

❀ 不一樣的自己

譬如有些受刑人，一生沒有做過壞事，但是卻一失足成千古恨，犯一次錯誤就進了監牢，服刑期滿出獄後還是要面對現實生活。對於過去所犯的錯，已經接受懲罰坐過牢了，被人看不起沒

有關係，只要不再犯錯，並且往前看，終究可以走出一條路來。經過長時間的反省，再加上自己也做了一些修養的工夫，所謂「士別三日，刮目相待」，過去是過去，現在的自己已經不一樣了。

——

（選自《生死皆自在》）

禪一下｜
因緣不具足就是
時間、人、自己的努力
都沒有完全具備時，
事情就無法水到渠成。
只要我們多用一點工夫，
多花一點時間，
鍥而不捨，
一定可以完成。

如何化解
不景氣的壓力？

現在無論對夕陽工業或是新興產業都不是好時機，因為一些數據都顯示產業縮水現象。另外，就心靈上來說，面對昨天還擁有、今天已失去的情形，難免心裡會產生恐慌，但其實還不到那麼恐怖的程度。雖然財富縮水時，我們會覺得綁手綁腳，但有許多國家的狀況比我們還差，所以「小心」是必要的，但是「擔心」就不必要了。

❀ 困而知之

我希望人在不景氣時不要氣餒，把回憶當作

檢討的內容，但不要失意，因為這對自己會是很大的打擊。景氣不好時，可以做很多反省，積極充實自己：一是人格的充實，二是知識的充實。另外，危機就是轉機，景氣不是等來的，而是我們創造出來的。教育是國家重大政策，如果沒把教育環境、品質辦好，就無法培養出好人才，那麼國家就沒有明天。如果不幸政府無能、社會無力，我們就要自立更生，在最沒有希望的時候，提起信心，建立自己未來的方向及基礎。在景氣不好時，好好充實自己，並在觀念及技巧上自我調整。

現在大家常常討論臺灣以後會如何。我建議，在不景氣中，大家試著反向思考：不景氣對我們的社會、國家好不好？其實這未嘗不是好事，因為這可以讓我們提高警覺。過去臺灣太富裕了，無論吃的或用的都很講究排場，到底有沒

有這樣的需要？要克服地球資源有限的問題，需要靠創造力，而創造是要靠頭腦的，正所謂「困而知之」。在這樣的環境下，反而可以激發出更高的智慧來面對生活。

❀ 人不轉心轉

我認為，即使在最窮困的時候，也不要失去信心，不要放棄目標。一般人在小時候都有不同的夢想，但大部分的成人卻不知道自己的目標為何，只是跟著大家的目標走。我自己常如此思考：「人云亦云的事情我不做，一窩蜂的事我不跟；沒人做的事我來做，沒人講的話我來講。」所以，不需要一窩蜂地逃避或畏懼當前的困境，而是要用頭腦思考、面對困境。

例如，我就選擇我能做而別人不願意做的事。我常說：「山不轉路轉，路不轉人轉；人不

轉，至少心還可以轉。」要是能這樣想，一定會走出一條路來。正所謂「天無絕人之路」，往往不是上天給我們絕路走，而是人心轉不過來。

——

（選自《不一樣的社會關懷》）

禪一下	一切的是非得失， 如雲如煙， 如幻如化， 有什麼好計較的？

如何用平常心應試？

　　每年到了夏天，就是升學考試、求職考試等最熱門的季節，大家應該用平常心來面對每一次考試，不要把「考考考」變成了「烤烤烤」。

❀ 自己考自己

　　其實，人生的舞台就是一個大考場，每一個人終其一生都在接受各式各樣的考試，至死方休。有時候是有人出題目考你，有時候是整個環境考你，有時候則是自己考自己。

　　至於能不能通過每一場考試，就得靠自己平常的努力、毅力和定力。如果不具備這三個條

件，大概就無法通過考試；無法通過考試，自己就不能成長，不能進入另外一個階段。

為了增加人生歷練、提昇人生境界，隨著年齡的增加，我們要經常面對各式各樣不同類型的考試。

❀ 時時刻刻全力以赴

站在一個禪者的立場，我總是以平常心來應試。禪的精神就是時時刻刻腳踏實地，時時刻刻全力以赴，對任何事都是全生命地投入，真誠而懇切地投入任何一場考試。

但是，不要患得患失，這一點很重要。如果患得患失，就不能把所知所能表現出來。因為害怕輸不起、通不過，便會把原本知道的也通通忘記掉；原來答得出來的，也會弄成答非所問了。這是因為心情緊張的緣故，不是沒有實力。

有些人一輩子經常碰到考試不及格的挫折，在考試前已經準備得很充分，到了考試時，不是頭腦不清楚，就是身體出狀況，或是心情太低落，結果就考不上了。

　　所以，我常常勸考生，準備階段必須努力，進入考場要放輕鬆，頭腦放輕鬆、心情放輕鬆、全身放輕鬆，看到考卷時，就比較容易理解題目，也容易過關了。如果心情緊張，則對考題容易看錯、解錯，原本可以答得很好的，也會變成顛三倒四、錯誤百出。

——

（選自《叮嚀》）

| 禪一下 | 遇到好的情況，不必貪戀；
遇到壞的情況，也不必討厭；
這叫作平常心。 |

紓　壓　禪

預防情緒失火

　　通常的人大概修行三到五年就不會輕易動怒，因為知道了如何控制自己或掌握自己的情緒，無論別人怎麼逗你，要你生氣、要你煩惱，你都會平平靜靜地面對它、接受它，而不會動無明氣；但如果情緒還是反覆無常，表示你的工夫沒有著力，平常修行的時候，沒有好好照顧自己，才會隨時生氣。這些都是自己可以去體驗的。

　　也有人跟我修行了幾年，回家後還是經常跟太太吵架，這是因為沒有用方法。當師父看著你的時候，你能夠不生氣，沒看著你的時候，就容

易生氣，這也不是工夫。工夫是不管有沒有人看著你，都不會隨便地、任意地生氣。

✿ 自然而然隨時用方法

其實生氣這樁事，不是能不能控制的問題，而是平時要練習方法，便不容易生起氣來。只要經過幾年的練習，生氣的習慣就會漸漸化解，如果能夠做到這樣，你就是有工夫了。比如我常常參話頭或是數呼吸，脾氣來的時候，自然而然就會數起呼吸，知道要用方法，那就不會生氣了。

「自然而然」是什麼意思？就是當我們自己遇到風浪，不論小風浪、大風浪，自己能夠化解，而不是控制。控制是不行的，暫時壓抑住不讓它生氣，但是氣還在，等一下還是會生氣，因為這是控制不住的，硬要控制會很痛苦。不過化解就不一樣了。什麼叫作「化解」？即是本來正

在生氣，用了方法之後，氣就不見了、消化掉了，也就是不要再注意讓你生氣的這樁事。用方法得力，便能化解。

所以，方法要常常練習，這不是你用功十年或打坐十年就夠了，而是在這十年之間，你是否常常用方法？還是十天、八天偶爾用一次？如果經常用方法，這才是在工夫上，否則生氣的當下忘了用方法，過後再來參「我是誰？誰是我？」這個時候有用嗎？沒有用。因為你臨時抱佛腳，在氣悶、很煩的時候，才來參幾句話頭，這個時候會愈參愈煩。

如果你想用方法來壓制情緒，你會愈壓愈煩、愈用方法愈生氣，接著你就會埋怨，覺得用功用了這麼久，用方法用了這麼多年，怎麼好像都沒有用？

✿ 預防失火

　　我們用方法，不是在失火時，趕快澆一盆水，希望火馬上熄掉，而是要在還沒有失火以前，就先預防，這即是工夫。

　　若是等到火球、火苗出現以後，再來澆水，這樣的力量不夠，因為火已經冒出來了。雖然澆了水，火可能會變小一些，但是火的力量還是存在。因此，修行時間的長短、修行工夫的深淺或修行著不著力，不能以時間來衡量，端視你有沒有時時刻刻用方法。

　　有的人覺得自己很忙，時間不夠用，哪兒還有時間用方法？其實這之間沒有什麼關係，像我也很忙，還是經常用方法。這不是說工作、事情都不做，專門用方法，在我們的生活裡沒有辦法做到這樣，每個人都有很多事情要處理，不可能用全部的時間練方法，但是只要當你一感覺有情

緒、有煩惱在動，就趕快用方法，這樣還是有用
處的。

——

（選自《我願無窮》）

| 禪一下 | 對美好的抱持感謝，
對不好的感到樂觀，
念念都是好念頭，
自然「日日是好日」。 |

休閒娛樂
真的能紓壓嗎？

　　唱卡拉 OK 或去 PUB，讓工作上的壓力舒暢一下，這是一種娛樂的方式，偶一為之，也無不妥；夜夜笙歌，就真的是浪費生命。

✿ 充實自我，不浪費生命

　　積極進取的人，對自己期許很高，不會把時間消耗在沒有意義的生活上；他們對未來有許多期許與要求，每天都努力地工作著，時時刻刻都在追求各種自我充實的生活方式。

　　以我個人來說，我一輩子都很忙。記得在軍中服役時，同袍空閒時往往在茶館、賭場、色情

場所消磨時間，我白天工作完成了，晚上就看書、寫文章。累了，就走出房門，看看星星、月亮，欣賞大自然，可以看到平常看不到的景色，感受平常感受不到的心境，這是「大享受」。

雖然我沒有讀過初中、高中，但在軍中，我看了很多書，等於上了大學一樣。有人問我：「讀那麼多書，能做什麼？」我說：「不為什麼，將來或許有用吧！」到現在，的確很有用，包括自然、社會科學，都能與別人分享。但是，誰知道以前我的同袍都認為我是「怪人」，說我的人生沒有意義呢！

❀ 找到安心處

在那段軍中經歷裡，我也看到有些同袍常常喝得醉醺醺、搖搖晃晃地回營房來。看起來時間很容易打發、談笑很快樂，內心卻很空虛！

除了白天的工作任務外，他們不知道要把生命的著力點放到哪裡去，或是時間該放哪裡、心思該放哪裡？沒有安心處，心無處可安，所以習慣性找那些娛樂場所。但對我來說，那些都不是我要的。雖然我常一個人度過晚上光陰，但我卻過得非常充實，時間流逝，知識卻留下來了。

　　最近有位軍中老友來看我，他說：「當初大家都認為你不懂得享受，生活過得無趣；現在看你對社會很有貢獻，你走的路和我們的確不一樣。」

　　我和我的朋友都老了，他直到人生快走到終點，才覺得虛擲了過去的人生，但我覺得對自己有交代，對社會也有貢獻，並不枉費。我想，過去那些獨自用功的日子，不錯失光陰，不在酒色享樂中逃避人生應有的責任，確實是有價值多了。

積極進取的人，對自己期許很高，不會把時間消耗在沒有意義的生活上。

——

（選自《方外看紅塵》）

禪一下｜首先要讓身體、頭腦和心情放鬆，
然後才能夠安定下來。
我常常教人簡易的放鬆方法，
就是注意自己的呼吸，
在緊張的時候、有煩惱的時候，
都可以因此得到紓解。

還有一口呼吸在

　　不切斷自己的後路，一步一步往前走，前方總會看見希望。因此我要建議：每一個人都應該要有自己人生的寄託。如果能有一個生命的寄託，就是找到生命的歸屬感，也就有了生命的目標與方向。這個時候，就不會懷疑活在世上的意義，而有一種穩定的安全感。就像船在大海中航行，不可能每天日麗風和，也會有起風落雨之時，甚至面臨暴風巨浪。可是在風雨來襲之前，我們可以事先找避風港掩護，等風平浪靜之後再出發。

✿ 人生處處有希望

人生的過程也是一樣，難免遇風遇雨，有時甚至是大風大浪來襲。一輩子平順沒有任何困境，那是不多見的。有些人遇到小風小浪，完全招架不住，徹底崩潰；有的人即使遇巨風駭浪，也能從容不迫；也有的人，知道風雨欲來，先找避風港保護再說，因為活著就有希望。我經常說：「只要還有一口呼吸在，就有無限的希望。」只要活著，哪怕只有一分鐘，就有一分鐘的價值，就有一分鐘的功能與希望。人生的希望處處都有，為什麼要自殺呢？

✿ 活著，就有機會

以經濟問題來說，譬如欠了卡債、地下錢莊而還不出錢來，臨到對方催債，因為受不了壓力而選擇自殺的人，可能心裡想著：「我就是沒

錢，大不了一死，死了就什麼都不欠了。」事實上，「債」是不會憑空消失的；今生不還，來世還是要還償，到時候連本帶利，可能還更多。

因此，我要勸勉有經濟壓力的人，就算是被債主逼債，也不必要自殺。債務不會永遠還不清，現在一時還不了，將來仍然可能還清。只要活著，以時間來爭取空間，目前沒能力償還，也許時間一久，就會有新的轉機。再怎麼辛苦，再怎麼難捱，還是要堅持活下去！只要活著，就有機會，就有希望。

——
（選自《我願無窮》）

> 禪一下
>
> 不做期望，只是努力。
> 因為有這樣的態度，
> 所以心理上沒有壓力，
> 只是努力。

命運可以改嗎？

　　許多人遇到困擾或是障礙時，就會求神問卜、拜佛、許願，然後聽天由命。但究竟命運是什麼東西？我的解釋是：命運跟自己的過去和現在都有關係，再往下走的話，與我們從現在開始的所做所為也有關係。

　　命運究竟操之於人，還是操之於己？在我認為，不在於神，不在於鬼，也不在於佛、菩薩，而是在於自己。

✿ 命運可以改

　　我們每一個人在出生以前，就帶來了一些果

報，也許是福報、也許是罪報，總稱「業報」。業報有好的、也有不好的，從過去世帶來的業報能不能改變，就看我們這一生的所做所為如何。所做所為的好或不好，都會影響後天的運。

很多人希望擺一個八卦可以改運，或者是請人消災可以改運，這些只能說在心理上好像有用，但事實上是不是這個樣子，是有問題的。因此，我勸那些遇到困擾、問題的人要用智慧去處理，以自己現有的條件，能夠怎麼處理，就做最好的處理，不要老是在意自己的運如何如何。

有人改運時就只想到，大概是床鋪擺錯了，辦公桌的方向擺錯了，還有門的位置不對等等問題，這些想法是不是有道理呢？我不能說完全沒有道理，但是不是從這些方向就能夠把命運轉過來？其實，轉運要從心理上、觀念上及行為上來改變，才是最可靠的。所以命運是可以改的，也

是可以轉的，但並不是一般人所認為的，透過一些外在的物質，例如說戴一串什麼樣的水晶或符咒，或是掛一個什麼樣的東西就可以改變，最重要的是心理上的建設。

✤ 命運隨著觀念轉變

「命」是從過去到現在，乃至於跟未來的一個連結；而「運」是隨時隨地的變化，是可以操之在己的。也就是說，我們可以透過修行、努力，做一些改變。問題是：一般人想要做這樣的改變，所運用的方法對不對？

其實，觀念轉變，命運就會跟著轉變。一旦觀念改變，運勢也會馬上改變。因此遇到任何困擾、麻煩的事時，首先還是要想辦法解決，另外可以轉變一下觀念；觀念一轉變，心就會變得開朗。

如果老是盯著那個問題鑽牛角尖往壞的方面想，逆境就出現了。這時可以想：「我這個人就是需要逆境來磨，愈磨我愈堅強、愈健康。」如果朝這個方向思考，這個逆境就不會那麼可怕，這個問題就不是那麼嚴重；只怕不能夠面對問題而退縮，你愈是退縮、害怕，問題會愈嚴重。

　　曾經有人去算命，命理師叫他們去找貴人，結果他就跑來找我，但我能夠幫助他們什麼？我仍是請他們轉變觀念，問題就解決了。其實，只要自己願意去當別人的貴人，世界上就有很多貴人存在。

　　你願意去面對時，會發現人人都是好人；你選擇逃避時，則會讓事情愈來愈擴大。所以，其實所謂的命好或不好，就看自己的心性好不好？如果願意接受善知識、接近好人，命就會愈來愈好；如果接近不好的人，學的都是不好的事，當

然命就會愈來愈差。

——

（選自《不一樣的生死觀點》）

禪一下

如果願意把所有降給你的
挫折、打擊、困難，
都看成是給自己一個很好的
試煉機會——
增益你所不能，增加自己更多能力，
一念之間的改變，
命運也就會轉過來了。

33

CHAPTER

現在的危機是
最好的轉機

　　由於聽到佛法以後，對眾生有慈悲心，對所有的人都沒有怨恨與失望的心，對所處的環境也充滿了希望與光明的遠景，這種光是感覺上的光明。就像有些人在失魂落魄、沒有希望的情況下，如果有人去給他安慰與鼓勵，為他指出一條馬上可以走的希望的路，他一定會眼睛一亮，覺得光明就在面前，你是否有過這樣的經驗呢？

✾ 把絕望轉為希望

　　曾經有位政治人物罹患中風，需要有人扶著才能走路，再加上當時整個社會環境很亂，他就

對自己的身體健康失去希望、對政黨失望、對臺灣的整個社會絕望。他對他的朋友說：「這個世界對我來說已經沒有希望了，我還活著受罪做什麼呢？早死早升天，早死早解脫，我真想早一點死！」他的朋友把他帶來見我，我就告訴他一種心態，當時他眼睛一亮，忘掉自己是需要人攙扶的，居然能夠自己走路了！

✿ 點燃希望的信心

其實，我並沒有跟他講佛法，只是說：「世代交替，一代代的交替就是無常，而無常就是常法，這不一定是壞事。常常在變，才能變出好的來，現在的危機就是最好的轉機。只要你的心理沒有問題，你的病馬上會好的！太陽向西方下山以後，明天又會從東邊升起。『前程美似錦，旭日又東昇』；我們稱『錦繡河山』，這河山都是

用錦緞繡出來的，非常美麗而有希望。一切都要往有希望的方面看，就會活得很快樂、很健康了！」

　　他聽了我這段話，覺得很有意思，站起來就走了，走了一段路，才想到自己是個有病的人，他就哈哈地大笑起來。我這幾句話為他點燃了希望的信心，所以他很歡喜地離開了！

——
（選自《觀音妙智》）

忍一下就過去了

俗話說：「小不忍則亂大謀」、「忍一時之氣，享百年之福」，這是告訴大家要學習忍耐的工夫。佛教的教義也強調：「忍辱者多福。」忍辱是避免招致橫禍的盔甲。遇到不合理的事，如果亂發脾氣或找機會報復，麻煩就來了。如果能夠轉念，就沒有事了。

✵ 別把別人的問題變成你的

我有一位弟子，自我要求、自律頗嚴，絕不會做壞事，但他嫉惡如仇，要求所有人都依照他的規範做事，只要有人不合於他的要求，都會很

難過，但他的地位和權責又沒有辦法管理所有人，因而常為此痛苦。

這位弟子出家五年，愈來愈沒有辦法忍受這些狀況，因而常在佛前祈求，希望佛菩薩能感動那些人。我告訴他：「沒有人有能力去感動和管教每一個人，何必把別人的問題變成你的問題呢？你該有此智慧吧？」事實上，我自己也都不一定能將每一位弟子管得好好的，這是眾生的性格，不同的人有不同的性格。如果每個人都能因為管教而變好，那每個人都成佛了。

在自己心情不好時，的確很難控制情緒，但想消除瞋恨心，就必須時時培養慈悲心，對他人起慈悲心，也對自己起慈悲心。怒氣能傷身。人在倒楣、失意、困境中傷害自己，這是雙重的傷害，這種作法是對自己不慈悲。對他人保持慈悲心，就不容易生氣。

✿ 情緒只是一時的

我在美國時，有一位美國籍的弟子非常用功修行，可就是沒辦法控制脾氣。平常他像個菩薩，但沒人知道他何時會生氣，會為了什麼理由生氣。他常常壓抑自己的情緒，直到爆發。於是我要其他弟子，在他發脾氣時，不要跟他衝突，讓他安靜一下；等發過脾氣後，他就會很快調整自己。

情緒只是一時的，忍一下也就過去了；忍不下時，就大聲念一句「阿彌陀佛」吧！忍耐的工夫，要從小事鍛鍊起。

——

（選自《方外看紅塵》）

轉變心境就會快樂

　　有一次在演講場合裡，我問大家：「如果一個家庭中，四個或五個人共同生活在一個屋簷下，吃同一鍋飯；而在同一個時間裡，有的人是在地獄，有的人是在天堂。大家有沒有這種經驗？」聽眾回答說：「有！有！」

❀ 所見的人通通是佛

　　有一位弟子跟我說：「師父，我來農禪寺，以為這裡環境非常好，但是，來了五年之後，愈來愈難過，覺得待不下去了，因為，只有師父一個人是好人，其他人對我都很殘酷。」

我跟他說：「不至於吧，所謂『心淨則國土淨』，菩薩以眾生為淨土，菩薩以眾生為佛國，你如果發菩薩心的話，我們這裡的人便通通是佛了；如果你心裡面產生不平衡、不滿意、反感，你看每個人講話好像都帶刺，每個人好像都在對付你。」

❀ 以平常心超越天堂和地獄

有一次我配了副眼鏡，戴著上街，覺得天旋地轉、地面不平，舉步踩下去覺得虛虛晃晃，世界全混亂了，因為配鏡的人把左、右鏡片度數弄反了。我趕快摘下眼鏡，世界又恢復平靜了。

所以，地獄和天堂各有很多層次，一個真正的解脫者必須超越天堂和地獄，不要追求上天堂，也不用害怕下地獄。因為追求上天堂，天堂便會離你很遠；若你要離開地獄，地獄卻就在你

面前，你愈想離開它，它愈跟著你。只要心境轉變，天堂就在你面前；心境轉變，地獄就會離開你。

超越了天堂和地獄的兩極化，我們的心就是平常心。平常心就是最自在、最愉快的心。

——

（選自《法鼓鐘聲》）

禪一下

手上在做什麼，
心裡清清楚楚知道在做什麼；
口中在說什麼，
心裡清清楚楚知道在說什麼；
腦中在想什麼，
心裡清清楚楚知道在想什麼。
經常保持心口一致、身心一如，
心中安靜、穩定、明白、自在。

海綿精神

我們學佛修行的人，應該具備兩種態度——內方、外圓。

「內方」是指應把握佛法的原則和自己的身分、立場，不要放棄自己的立場，也不要將自己的身分顛倒了。

「外圓」是要柔和能忍，柔並不等於是隨波逐流，仍須堅守崗位；如同有彈性的海綿，壓了它，不但不會反彈，反而會凹陷下去，等壓力離開後慢慢地又回復了原狀。

❀ 沒有一件事不能忍

為人處事不要剛強、任意，必須是柔和的，但要有立場，這是依律、依法而守原則，否則會傷害他人也會傷害自己；如果又對人反應太快或太激烈，對方便會反抗、反彈。

六波羅蜜中，就有一項是修忍辱行。修學佛法的人，沒有一件事不能忍，也就是應該學習海綿的精神。

但有人誤解佛教的忍辱是一味地忍讓，會讓人欺負；並且認為，如果壞人不受處罰會更壞，將使得好人無路可走，變成全是壞人橫行的天下。這種想法並不正確，也不是事實。

❀ 調柔自己的身心

我們應該要這樣想，多半的人可能會一時失去理性，不能控制自己，根本不知道自己做錯了

什麼事。雖然在人類的性格裡，多多少少都潛藏著一些獸性的成分，但是我們不要如此形容它，而是要說，人的內分泌組織及生理系統偶爾會失調，因此沒有一個人的身心是百分之百的平衡。

雖然由於教養和環境的關係，會懂得自我約束，但有時候仍會有反常現象出現的可能，所以我們要用修行或感化的方式來調整及改善它，應該經常注意並隨時調整、調柔自己的身心，然後這些生理作用，慢慢地就會受到修行力量的影響。

我們學佛的人，應以慈悲心待人，以忍辱心來接受一切的橫逆，但亦要用智慧來解決所面臨的橫逆。

——

（選自《法鼓晨音》）

37

CHAPTER

工作做不完
怎麼辦？

　　有人由於性子急躁、心思散漫、情緒不寧，以致工作時緊張慌亂，左手拿東西，右手丟東西，走路時右腳未踏實，左腳在搖晃。像這種手足無措、六神無主的狀況，也可算是腳跟不著地，也不是精進的態度。

✿ 走路像羽毛般柔軟

　　精進用功的禪修者，應該是在任何狀況下，不論快慢緩急，都能保持踏實、穩定、輕鬆、自然，夙夜匪懈，猶如川流不息。禪修者在修行過程之中，每一念都很清楚地落實在自己的方法

上，中國的諺語說：「學問如逆水行舟，不進則退。」精進不是拚命，休息不是放逸；精進是細水長流，休息是養精蓄銳，補充調理。

例如在慢步經行時，每一步都是非常踏實穩健，輕鬆自然地一步一步往前移動，便不會感到身體有多少重量和負擔了，好像一縷棉絮、一片羽毛，在空中隨風飄動般的輕靈、柔軟。

❀ 按部就班處理

學會了正精進的用功態度，即使面對再嚴重的狀況、再重大的計畫、再複雜的事件，也不會有壓力感、不會憂愁、不會著急，只是按部就班、持續不斷地、一項一項處理下去。每個人只有一個頭、兩隻手、兩隻腳，每天只有二十四小時，一個人做不完的，當多結合幾個人來做，今天做不完的，明天、後天再做；該睡覺時要去睡

覺，該用飲食時就去用飲食，遇到困難阻礙，就想辦法運用因緣來解決。絕不輕易改變方向，也絕不放棄朝著目標努力的心願。

——

（選自《聖嚴法師教默照禪》）

禪一下

禪是智慧與慈悲的總合，
以智慧處理自己的事，
以慈悲處理他人的事；
心中經常保持平常心，
有安定感，
即是禪悅。

順其自然化解壓力

我們雖然不能夠一下子從凡夫所講的平常心，一路到達佛果層次的平常心，但是如果我們在觀念上能夠認識並且接受這個理論，那麼我們即使遇到了世相的衝擊，不管是好是壞，都能夠以平常心來面對、接受，同時平安度過，便是能夠全身而退，也能夠心平氣和的修行方法；能夠心平氣和，就能不計得失，那便是真正的智者。

❀ 沒有煩惱就是大福報

一個真正有智慧的人，是生活得最愉快、最豐富，也是最懂得生活的人，所以也是有大福報

的人。

具備智慧的人一定有福報，一般人以為有財產、地位、名望、權力的人，才是有大福報，其實有智慧才真有大福報，沒有智慧的福報，足以使人痛苦、煩惱，所以沒有煩惱就是大福報。

❈ 運用智慧過生活

由於沒有煩惱，他可以自由運用自己所擁有的一切，包括物質的與精神的，造福眾生，這是最大的福報。

許多沒有智慧的人，雖有兒女、產業、地位、權力，卻是生活得相當痛苦；這種人是在受苦報，而不是在享福報。

若是有智慧，能夠運用在生活中，那麼就會時時過得很愉快。如果沒有智慧，就時時過得很痛苦。

（選自《動靜皆自在》）

禪一下

一般人如果發生不愉快或不幸的事，
能把它當成平常事來看是相當難的，
不過我們必須練習著
以平常心來待人處世。
平常心亦即平等心，
不僅煩惱與智慧平等，
凡是偏執一端的，
均宜知道平等不二，
才能不起對立的衝突。

如何面對
自信不足的壓力？

　　如果要對自己多一分肯定，就必須腳踏實地多一分努力，並且對自己多一分反省；從不斷地反省、不斷地努力之中，就能夠發現自己的長處和短處。當愈來愈清楚自己的優點和缺點，就能夠截長補短、去短補長；讓長處繼續發展，並減少缺點的發生。如此，自信心就會逐漸增加，對自我價值的認定和判斷也逐漸有把握，知己所能與所不能。對於自己所能的就要積極去做，所不能的則要避免再犯錯誤，不要再暴露自己的缺點。這不是掩飾，而是自我檢討，進而改進，能夠這樣做，缺點也可能變成優點。

真正自我肯定

如果沒有自知之明，對自我價值模糊不清，只知道「我要」、「我不要」的話，就會在這兩種心態中掙扎不已。為什麼呢？因為想要的要不到，不想要的又丟不掉，那就產生了掙扎。如果每個人能夠對自我都很了解，便能接受放下要不到的部分；能夠得到的，就盡力把握因緣去獲得；至於丟不掉的，那就表示結束時機尚未成熟，不妨暫時保留。

唯有了解自己的優點和缺點之後，一個人才能夠真正自我肯定。所以自我肯定必須透過自己努力再努力，反省再反省，這樣的原則是不會變的。

曾經有位專欄作家來訪問我，準備為我寫報導，我告訴他：「舉凡是『人』會有的缺點——貪、瞋、癡、慢、疑，以及喜、怒、哀、樂等問

題，我多少都會有，因為我是一個平凡的出家人。」他聽了之後，很驚訝地說：「法師，您這麼坦誠，那我們這些人又是怎麼樣的呢？」

雖然我和各位是相同的，但所不同的是，我知道自己的問題和缺點，不會去誇讚、誇大自己的優點。我有我的長處，但這不算什麼，因為以一個出家人來看，應該要做得更好，而我沒有做到這麼好，我該慚愧的。我是抱持這樣的心態來做人處事的。

我的身體狀況一向不好，二十幾歲時，許多人都認為我隨時會面臨死亡，連我的同學也說，我來臺灣不到三個月就會死，但我不但活得好好的，而且還活到了現在。

原因是我沒有想要死，也不怕死；再者，我的健康雖然很差，但我知道要珍惜時間、珍惜生命。無論在任何情況下，都要用這個身體，對自

己、對他人、對社會、對人類有所貢獻，絕不吝嗇、不逃避，這就是我這幾十年來，以病弱之軀勞苦奔波的主要目的。

✿ 不對自己失望，步步踏實

我一生貧寒，從孩童到少年時代還被視為弱智的人，但是活到現在，至少還做了一些事情。我的生命一開始其實是很微不足道的，能夠逐漸走出一條路來，是因為我始終不因任何阻擾、障礙而退卻，也絕不會哀哀怨怨，或向命運低頭。我沒有任何雄心壯志，唯一有的就是恆心。

另外，我總覺得，每個人都應該有一條路可走，我在任何狀況之下，絕不怨恨任何人，雖然當時的心裡並不舒服，或是對自己失望，但是我不會怨恨人。

我的人生就是秉持這樣的態度，走一步是一

步，無論遭遇什麼困難，我都認為是正常的，因為一切都是因緣和合，什麼時候要發生什麼事，是無法掌握的，只要抱著面對它、接受它、處理它、放下它的態度，就能較平靜地看待問題。所以，對於是非、功過或得失，也毋須計較，只要平平穩穩、踏踏實實，就能成功。

———
（選自《帶著禪心去上班》）

> 禪一下
>
> 學習著隨時隨地放鬆自己的心情，
> 不要把工作當作成就的全部，
> 才能真正紓解身心的壓力。

40

隨緣自在平常心

　　我本身並沒有計畫一定要做什麼，或一定不做什麼；而是因應這個社會、環境或佛教界的需求，漸漸推上了這麼一條路。可以說，我是以平常心、隨緣心做事，因緣讓我做什麼，我就做什麼。

　　因此，不會覺得吃力，也不是一定要做出什麼成績，更不會覺得失望。對於應該做的，能夠做的，我們盡量做；做不成功的，或者沒有辦法做的，我就不做；或者做了一段時間，有些事情會變，我們會覺得是因緣在變、環境在變，改變也是正常的。所以我們對內對外，或我個人的運

作來講，都沒有什麼事要特別告訴人。

✿ 看淡得失

我想，我是一位出家人，所以對得失看得比較淡一點，成敗差別觀念比較少一點，不覺得自己很成功，但也不會覺得我做失敗了，只是這樣如實地做事，至於未來還會發生什麼事，沒有預料，也沒有猜測。能夠做多少，便盡我們的力來做，只要對人有益，我們能夠做的，就要推動。

✿ 五分鐘禪修安心

過去的人，修行的目的是為了脫生死、明心見性；現在的人，或者只有每天一、二個小時打坐，或者一年之中只有一個星期、二個星期來修行，這樣的人，要想立地成佛、明心見性的可能性不大，但是對他們在身心的穩定方面是有用

的。因為，只要每天用五分鐘的工夫，或者在觀念上反覆地復習或思考，在面對瞬息萬變的社會現象時，就會覺得，在複雜之中還是有單純，在單純之中是不需要感覺到由於突發事件或壓力所帶來的緊張、恐懼及憂慮。

如果達到這樣的目標，禪的修行便已值得肯定，值得去試試看了。

——

（選自《聖嚴法師心靈環保》）

禪一下｜盡其在我地進退自如；
不倦勤、不戀棧，
為了現實環境的需要，
可大可小、能伸能屈、
提得起、放得下。

法鼓山禪修資訊

法鼓山禪修中心簡介：

　　禪修中心為法鼓山推廣漢傳禪法的主要單位，宗旨在於推廣禪法，以達到淨化人心、淨化社會的目的，將各類禪修課程推廣至海內外各地。除將禪修活動系統化、層次化，並研發各式適合現代人的禪修課程，讓更多人藉由禪修，來達到放鬆身心、提昇人品的目的。

　　除定期舉辦精進禪修活動，包括初階、中階，及話頭、默照等禪修，開辦禪修指引課程、初級禪訓密集課程、推廣立姿與坐姿動禪、「Fun 鬆一日禪」，並培養動禪講師等，期能擴

大與社會大眾分享禪悅法喜。

　　想要開始學習禪修者，可以先參加法鼓山各地分院與精舍所舉辦的「禪修指引」或「初級禪訓班」，然後再參加為期一天、兩天或三天的「禪一」、「禪二」、「禪三」活動。如果希望能穩定長期學習禪法，可以參加「禪坐共修」。在具有禪修基礎後，再進階參加為期七天的禪七活動。

　　如果想要了解更多的法鼓山禪修訊息，可以電話詢問法鼓山禪修中心，或上網查詢，網頁提供完整的最新禪修活動。初學禪修者可挑選離家近的法鼓山分院或精舍，就近參加禪修課程。

禪修中心推廣部門 —— 傳燈院

地　　址：新北市三峽區介壽路二段 138 巷 168 號
電　　話：（02）8676-2518 轉 2108 ～ 2112
　　　　　（請於週一至週五上午九點至下午五點三十分來電）
網　　址：http://chan.ddm.org.tw
部落格：http://blog.yam.com/chanfaq
臉　　書：https://www.facebook.com/DDMCHAN

禪修 FOLLOW ME 8

紓壓禪——上班族40則紓壓指引

Chan for Relieving Stress:
40 techniques for reducing stress of office workers

著者	聖嚴法師
選編	法鼓文化編輯部
出版	法鼓文化
總監	釋果賢
總編輯	陳重光
編輯	張晴
美術設計	化外設計有限公司
封面繪圖	江長芳
內頁美編	小工
地址	臺北市北投區公館路186號5樓
電話	(02)2893-4646
傳真	(02)2896-0731
網址	http://www.ddc.com.tw
E-mail	market@ddc.com.tw
讀者服務專線	(02)2896-1600
初版一刷	2014年10月
初版五刷	2020年1月
建議售價	新臺幣150元
郵撥帳號	50013371
戶名	財團法人法鼓山文教基金會—法鼓文化
北美經銷處	紐約東初禪寺
	Chan Meditation Center (New York, USA)
	Tel: (718)592-6593 Fax: (718)592-0717

法鼓文化

國家圖書館出版品預行編目資料

紓壓禪:上班族40則紓壓指引 / 聖嚴法師著. --
　初版. -- 臺北市 : 法鼓文化, 2014.10
　　面;　　公分
　　ISBN 978-957-598-651-3 (平裝)

　　1.佛教修持　2.生活指導

225.87　　　　　　　　　　　　103017322